D1923521

Katharina Kühl

Michi Meisterkoch

Illustrationen von Julia Wittkamp

Loewe

Die Deutsche Bibliothek – CIP-Einheitsaufnahme

Kühl, Katharina:
Michi Meisterkoch / Katharina Kühl
Ill. von Julia Wittkamp.
1. Aufl. – Bindlach : Loewe, 1997
(Lesespatz)
ISBN 3-7855-3052-8

Dieses Buch ist auf chlorfrei gebleichtem Papier gedruckt.

ISBN 3-7855-3052-8 – 1. Auflage 1997
© 1997 by Loewe Verlag GmbH, Bindlach
Umschlagzeichnung: Julia Wittkamp
Satz: Leingärtner, Nabburg
Gesamtherstellung: New Interlitho Italia S.P.A.
Printed in Italy

Inhalt

Die Mama ist sauer

Michi braucht nicht
zu klingeln.
Die Mama öffnet
schon die Tür.

Sie ist fix und fertig
angezogen.

„Michael!“,
ruft sie ärgerlich.
„Wo warst du so lange?
Ich muss doch
zur Arbeit!“

Auweia, denkt Michi.
Wenn die Mama
Michael zu ihm sagt,
ist sie stocksauer.

„Ich hab mit Anja
ein bisschen getrödelt“,
gibt er zu.

„Du weißt genau,
dass du nach der Schule
gleich heimkommen sollst!
Jetzt musst du alleine essen!“

„Ist okay“, sagt Michi.
„Ich trödle auch nie wieder.
Versprochen!“

Die Mama geht zur Tür,
kommt aber zurück.

„Mach's gut,
du Herumtreiber!",
sagt sie und wuschelt
Michi durchs Haar.

Michi hat eine Idee

Uff! Die Mama ist
nicht mehr böse!

Aber Michi will trotzdem
etwas machen,
worüber sich die Mama
ganz doll freut.

Aber was?

Spielsachen aufräumen?

Krampf, bäh!

Schuhe putzen?

Krampf, zweimal bäh!

Plötzlich weiß er es!
Er wird für die Mama
etwas kochen.

Etwas Oberleckeres!
Einen Pudding, genau!

Anja kennt sich aus

Michi öffnet den Schrank
mit den Vorräten.

Am liebsten wäre ihm
roter Pudding.

Er findet nur grünen.
Grünen Wackelpudding.
Grüner ist auch
nicht schlecht.

Aber wie kocht man
so etwas nur?

Michi bindet sich
Mamas Schürze um.

Da klingelt es.
Es ist Anja.

„Gut, dass du da bist“,
ruft Michi. „Weißt du,
wie man Pudding kocht?“

„Klar!“, sagt Anja.
„Ist doch babyleicht!“

„Ich will es aber
selber tun!“, sagt Michi.

„Okay“, meint Anja.
„Also pass auf!“

Michi hört zu
und tut, was Anja sagt:

Er holt einen Topf
und füllt Wasser hinein.

Er schüttet das Puddingpulver
und Zucker dazu.

Er stellt den Topf
auf den Herd.

Er rührt und rührt.

So lange,
bis im Topf
ein durchsichtiger
grüner Glibber entsteht.

„Fertig!“, ruft Anja.
„In die Glasschüssel damit!“

„Aber der Pudding ist
doch noch gar nicht fest“,
protestiert Michi.

„Das kommt von alleine“,
sagt Anja und steckt
ihren Finger hinein.

„Hm, schmeck mal“,
fordert sie Michi auf.
„Voll gelungen!“

Michi hat noch eine Idee

„Der Pudding sieht toll aus!“,
freut sich Michi.

„Wie ein grüner Teich“,
sagt Anja.
„Es fehlen nur die Fische.“

„Kein Problem!“,
ruft Michi und wühlt
in der Küchenschublade.

Dann hält er
eine Tüte hoch.

„Lakritz-Fischchen!“, verkündet er. „Die nascht meine Mama am liebsten. Die tun wir noch rein.“

„Lass mich mal eins probieren!“, sagt Anja.

Sie steckt sich
ein schwarzes Lakritz-Fischchen
in den Mund,
spuckt es aber
sofort wieder aus.

„Pfui Teufel!“, ruft sie.
„Die schmecken ja
eklig komisch.“

Michi lacht.
„Erwachsene sind
manchmal eben komisch!“

Michi und Anja tauchen
die schwarzen Lakritz-Fischchen
mit den Fingern
in den grünen Pudding.

Sie sehen
wie echte Fische
in echtem Wasser aus.

Die Überraschung

Anja ist lange fort,
als die Mama endlich
nach Hause kommt.

Michi hüpft ihr entgegen.

„Ich hab
eine Überraschung
für dich.
Komm schnell!“

Er zerrt die Mama
in die Küche.

Die Mama ist
neugierig.

„Da!“ Michi zeigt
auf den Pudding.
„Hab ich extra
für dich gemacht!“

Die Mama
ist begeistert.

„Michi!“, ruft sie.
„Der sieht ja toll aus.
Wie ein Fischteich.
Du bist ein Meisterkoch!“

„Willst du den Pudding
gleich probieren?“,
fragt Michi zögernd.

Die Mama schaut
Michi an.

Sie schüttelt den Kopf
und lacht.

„Nein, ich finde,
der Pudding ist einfach
zu schade zum Essen!“

Michi seufzt erleichtert.

„Das finde ich auch!“,
sagt er.